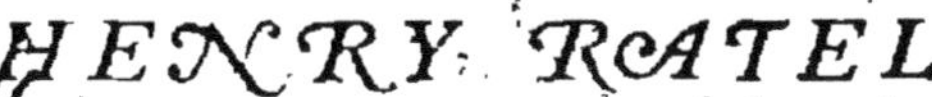

HENRY RATEL

# LA MORT DE DEUX ENNEMIS

ÉPISODE DE LA GUERRE FRANCO-ALLEMANDE

PARIS
LIBRAIRIE FRANKLIN
HENRY BELLAIRE, ÉDITEUR
71, rue des Saints-Pères, 71

1872

20 centimes.

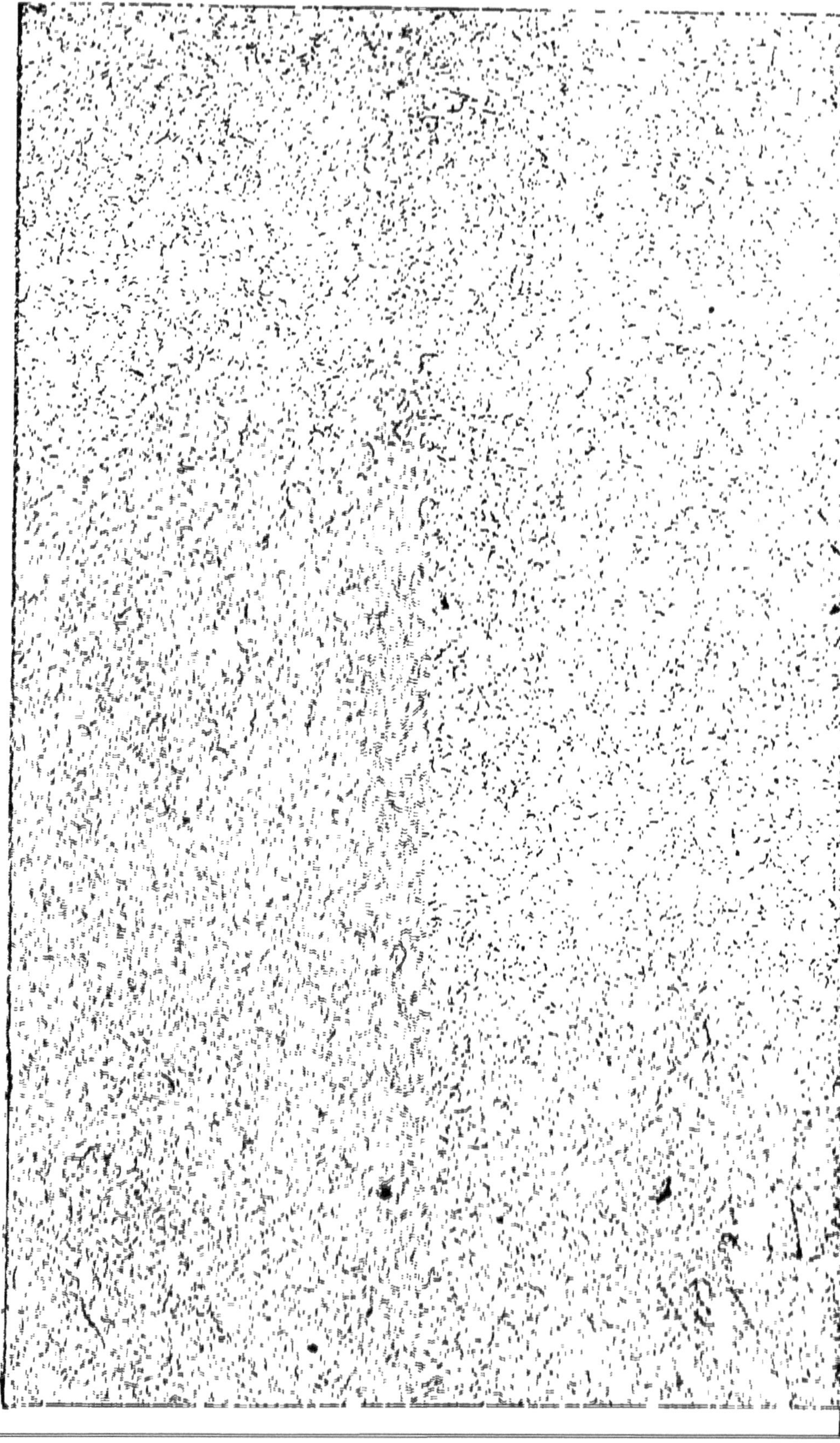

# LA MORT

DE

# DEUX ENNEMIS

SAINT-GERMAIN. — IMP. L. TOINON ET C°.

*HENRY RATEL*

# LA MORT
## DE
# DEUX ENNEMIS

ÉPISODE DE LA GUERRE FRANCO ALLEMANDE

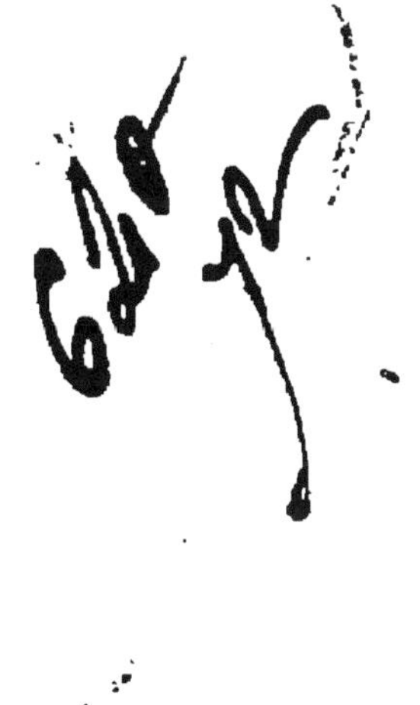

PARIS
LIBRAIRIE FRANKLIN
HENRY BELLAIRE, ÉDITEUR
71, rue des Saints-Pères, 71

1872

# LA MORT DE DEUX ENNEMIS

Épisode de la Guerre 1870-71

---

## I.

Nous sommes dans la nuit du 1er septembre 1870. Partout on entend des râles sourds et continus ; au loin résonnent des coups de fusil, puis de la musique et des hurrahs dans les bois. Un petit ruisseau, obstrué par les cadavres et les débris de toutes sortes, roule ses eaux à travers la plaine et charrie des lambeaux informes de chair. A l'horizon, la lueur de l'incendie embrase le ciel; un peu plus loin, à droite, s'élève le clocher de Balan. Balan ! village héroïque où vint expirer la lutte! dernière étape de ces fiers soldats qui, n'hésitant pas entre la mort et la honteuse conduite du Maître, se ruèrent au trépas avec la même ardeur qu'ils eussent couru à la victoire.

Il est minuit. Des milliers de mourants gisent parmi les cadavres, un épais tapis d'hommes hachés par la mitraille relie le village d'Illy aux ruines de Bazeilles. A Sedan, le promoteur de cette horrible tuerie, Napoléon III, *puisqu'il faut l'appeler par son nom*, repose paisiblement sur un bon lit ; il pense — peut-être ! — aux négociations qu'il a entamées dans le but de livrer à l'Allemagne les restes de cette armée qui s'est tant battue, mais à coup sûr il ne pense pas à ceux qui dorment du long sommeil ou qui agonisent dans leur sang. Autour de la ville les vainqueurs placent leurs machines à tuer afin de tirer plus sûrement sur ces troupeaux d'hommes entassés dans les rues si le combat doit recommencer demain ; car il n'est pas dit qu'on trouvera quelqu'un pour signer la capitulation. Derrière les remparts tout est mouvement. Les uns crient et pleurent de douleur, les autres de rage ; les lourds fourgons se heurtent aux voitures d'ambulances ; les armes s'entre-choquent; une sombre clameur plane au-dessus de cette population en délire et de cette armée aux prises avec le désespoir.

Mais ici tout est silencieux. Un bourdonnement continu, quelques battements d'ailes, et c'est tout.

Derrière nous est un talus labouré par les obus, à nos pieds sont des Français et des Bavarois pêle-mêle, couchés comme des blés mûrs après le passage de la faux. La mort les a frappés dans toutes les positions et les a laissés tels sur le terrain. Il y en a dont les bras tendus vers le ciel semblent demander vengeance ; d'autres ratatinés ou courbés en arc, les mains crispées, les yeux tout grands ouverts, paraissent encore se tordre sous le fouet de la douleur et font saillie sur des corps qui, décapités par les boulets, ont dû tomber comme des masses.

C'était pour s'entr'égorger

ici que ces hommes sont venus de si loin, qu'ils ont quitté leurs foyers et leurs travaux, abandonné leur carrière, brisé leur avenir et jeté leurs familles dans la misère et la désolation. Sans se connaître, sans se haïr, ils ont couru à ce rendez-vous que leur donnait la guerre, et ils se sont battus avec rage, avec obstination, avec cruauté. Le salpêtre et le plomb n'avaient point assez de fureur pour eux, ces baïonnettes tordues et ces poitrines déchirées, l'attestent; ils sont tous morts en tuant, leur dernier geste à tous fut un mouvement meurtrier.

## II.

Quelle était donc la cause, la cause épouvantablement grave qui avait amené ces deux peuples sur ce vaste échafaud? Quel pouvait être l'intérêt dont la grandeur nécessitait une telle effusion de sang?

Rien, comme presque toujours : deux vieux souverains

s'étaient pris de querelle et se passaient la fantaisie de faire lutter leurs peuples, à l'imitation de certains amateurs qui, en Angleterre, s'amusent à faire lutter des coqs.

Et c'était pour satisfaire à une pareille folie, pour vider la querelle simulée entre deux hommes ambitieux et menteurs, pour donner à ces tueurs couronnés le hideux spectacle d'une guerre sérieuse qui devait permettre à l'un d'écrire à sa femme que son fils voyait assassiner les hommes du même œil qu'il eût vu tomber des marionnettes, et à l'autre de se faire appeler « *Empereur;* » c'était pour contenter d'aussi criminels désirs que les Allemands et les Français, d'un seul élan, comme poussés par un commun accord et dans un intérêt commun, avaient déserté leurs villages, leurs cités, leurs ateliers et leurs études, et étaient venus couvrir de leurs cadavres le vaste espace qui s'étend de Saarbrück à Sedan, des flots bleus du Rhin aux vertes forêts des Ardennes.

## III.

Parmi les ombres sanglantes qui jonchent le sol, deux corps humains, tombés l'un près de l'autre, s'agitent encore. On ne perçoit plus d'autre bruit que celui d'un bidon de fer-blanc qui, suspendu au cou de l'un de ces moribonds, frotte à chaque mouvement sur les boutons de sa tunique. Pas un souffle ne semble s'échapper d'entre leurs dents serrées; ce sont sans doute les dernières convulsions de l'agonie.

L'un de ces hommes est blond, d'un blond fade; ses paupières entr'ouvertes laissent échapper un regard vague et noyé de larmes; ses lèvres, à moitié voilées sous des moustaches presque blanches, sont décolorées. Il a la jambe gauche broyée par un éclat d'obus et le pied droit écrasé.

A côté de lui est son casque

de cuir ; c'est un Bavarois, un allié.

L'autre, moins grand, mais d'une nature plus nerveuse, paraît être un de ces vigoureux enfants de nos montagnes, jeune martyr que la loi arracha d'entre les bras de sa mère juste assez à temps pour le jeter à la boucherie. C'est un soldat de la ligne. Il a la main droite emportée et de son flanc coule un large filet rouge qui suinte au travers de ses vêtements.

Horrible scène que de voir

ces hommes se débattre dans le sang coagulé !

Cependant l'agitation du Français augmente sensiblement, ses forces reviennent, il ouvre des yeux hagards et demeure ainsi la tête dans la boue ; puis, promenant ses regards terrifiés sur les cadavres qui l'entourent et sentant un dernier rayon de vie se glisser dans son cœur, il se dresse sur son séant, s'appuyant sur la main qui lui reste, et poussé de plus en plus par le besoin de fuir cet épouvantable spectacle... il fait un suprême effort pour se lever. Mais la douleur lui arrache un cri, cri effroyable au milieu des ténèbres... Il retombe, hélas! c'est là qu'il doit rester et mourir!...

Une bande de corbeaux s'envole lourdement, et de faibles gémissements lui répondent.

Alors il écoute. La brise du soir lui apporte les joyeux accents de la musique et les hurrahs des soldats allemands qui croient à la paix prochaine; elle lui apporte aussi un bruissement confus qui vient du champ de bataille, de la ville vaincue et des villages occupés par les troupes victorieuses. Mais ce n'est pas cela qu'il écoute; une voix près de lui murmure, il a cru entendre des sanglots, et son oreille attentive analyse avec anxiété les chants funèbres de la nuit.

Une voix en effet s'est fait entendre. Tiré de son évanouissement par le froid et par le cri aigu du jeune blessé, le Bavarois reprend peu à peu ses sens et gémit. Il balbutie des paroles incohérentes et bat la terre de son pied mutilé. La fièvre fait frissonner son corps; il enfonce ses doigts dans la terre humide et passe sa langue sèche sur ses lèvres tremblantes et froides.

Hélas ! personne n'est là pour mettre à profit ces premiers frissons de vie ! Une gorgée d'eau suffirait peut-être pour rappeler ces hommes à l'existence ; un pansement, même le plus élémentaire, les sauverait, et il n'y a personne autour d'eux, personne que des morts. Les brancardiers ont fouillé dans les tas, ils ont enlevé les blessés autant qu'ils en ont vu, mais on ne peut tout voir ni aller partout. L'aumônier du régiment a été tué dès le commencement de la lutte; personne ne viendra. Heureux celui qui n'est pas évanoui au moment où les ambulanciers parcourent le champ de bataille; il peut crier et être entendu ; mais quand la nuit a jeté son voile sur la plaine sanglante et quand la patrouille est passée, il n'y a plus d'espoir pour le soldat mortellement blessé. Irrévocablement condamné, il ne lui reste qu'à mourir d'épuisement ou de douleur...

Après des efforts inouïs, brisé par d'atroces souffrances, le jeune Français est parvenu à se mettre sur ses genoux. Il examine son poignet déchiré et jette ensuite un regard plein de regrets sur cet horizon lugubre qui ne lui montre que l'abandon et la mort. Brûlé par une fièvre ardente, il voit d'un œil jaloux les eaux bourbeuses du ruisseau baigner le visage des morts. Il voudrait aller tremper ses lèvres en feu dans cette eau ; il voudrait aussi y laver son moignon et sa plaie. Tout à coup un éclair de joie brille dans ses yeux déjà ternes ; il a senti son bidon battre contre son flanc ! il s'en saisit avidement et le porte à sa bouche... Mais, à ce moment, ses regards rencontrent le Bavarois qui râle, et il s'arrête...

Ah ! ce doit être un coup bien rude pour un mourant que de voir un autre homme agonir auprès de lui, de l'entendre appeler en vain, de le voir lever les mains au ciel, se tordre dans le sang, et surtout de voir un visage jeune et doux contracté par les dernières douleurs, flétri par les premières teintes du tombeau! Mais ce doit être en même temps une bien grande consolation pour lui que de rencontrer un être vivant au milieu de tant de morts.

## IV.

Le lignard regarde le soldat allemand avec stupeur, puis avec pitié. Au prix des plus horribles douleurs il parvient jusqu'auprès de son ennemi, et là, penché sur ce corps, il étudie anxieusement son pâle visage qui grimace sous l'action de la plus douloureuse agonie. De grosses larmes tombent de ses yeux sur les joues du Bavarois; il le remue doucement de sa bonne main, l'appelle du nom de camarade, lui soulève la tête et la fait reposer sur ses genoux. Enfin — non sans l'avoir regardé tristement — il prend son bidon — son dernier espoir! — et l'approche des lèvres du mourant qui boit avec avidité.

« —Bois, oh! bois! dit le pauvre enfant. J'ai encore la force que tu n'as plus. Si je pouvais te sauver! Si je pouvais seulement te donner assez de vie pour attendre la venue de quelqu'un qui nous emmènera tous deux ! Nous serions soignés dans la même ambulance, sur la même botte de paille et par la même main..... »

Puis, après un moment de repos, il continue d'une voix tremblante :

« — Si nous ne mourons pas, tu ne seras pas plus heureux de vivre que moi de t'avoir sauvé. Non, tu n'es plus mon ennemi ! Nous avons souffert ensemble, mon sang s'est mêlé sur cette terre avec le tien, et, quoi qu'en disent nos chefs, nous sommes nés pour aimer plutôt que pour haïr. Reviens à toi ! parle ! Je ne te comprendrai pas, mais j'entendrai une voix humaine au milieu de ce silence qui me glace.... »

« Ah! c'est au moment de dire un éternel adieu à la vie, c'est face à face avec la mort, que l'homme sent germer dans son cœur l'irrésistible besoin de se réconcilier avec l'humanité, qu'il y sent grandir de plus en plus l'impérieux besoin d'aimer! Je t'ai peut-être frappé pendant la fureur de l'action! Malheureux! reviens! qu'avant de mourir je puisse te faire un signe et que tu puisses à ton tour le traduire par le doux nom d'ami.....

« — Ami! » répète faiblement le moribond; et son regard presque éteint se fixe sur celui du Français.

« — Il vit! il a parlé!... il a parlé français! » s'écrie alors le lignard en élevant au ciel son bras mutilé. « Il connaît la langue de ma mère! Il vit!.. O mon Dieu ! voilà mes forces qui m'abandonnent. Est-ce donc sitôt mon tour? Est-ce maintenant que je dois mourir? »

« — Mourir! reprend le Bavarois, toi aussi, Français, tu meurs!.. Hélas! je souffre et j'ai soif encore!... »

Un long silence succède à ces deux exclamations. Épuisés tous deux, ils se sont affaissés 'un sur l'autre et se regardent sans parler. Les hymnes d'allégresse cessent au loin; un corps, dix pas plus loin, fait un soubresaut; quelques corbeaux sautillent autour d'eux.

« — Mourir, dit le jeune Français. Que vous avais-je donc fait, Allemands, pour que vous soyez venus me tuer ici? »

« — Et moi, reprend le fantassin bavarois, que vous avais-je fait pour que vous soyez venus attaquer l'Allemagne, ma patrie? »

« — C'est vrai! » dit le lignard; et il soupire.

« — Ils m'ont dit que tu étais mon ennemi, reprend-il quelques instants après, et j'ai quitté ma montagne, abandonnant ma vieille mère et ma jeune sœur, quittant Marie ma fiancée, pour marcher contre toi. »

« — Ils me l'ont dit aussi, répond l'Allemand, et j'ai abandonné ma femme et mon petit Karl qui n'a pas un an... »

## V.

Nouveau silence troublé cette fois par des jappements plaintifs. C'est derrière eux un chien qui pleure en léchant les plaies de son maître écrasé sous un caisson.

« — Tu souffres ? » reprend le Français.

« — Oui. Tu trembles, toi. »

« — Oh ! c'est que je vais mourir, vois-tu. J'avais cru retrouver des forces, mais je m'étais trompé. »

« — Dis-moi : l'incendie baisse? je ne vois plus. »

« — Non ; l'incendie est encore dans toute sa violence. »

« — Je n'entends plus rien ! »

« — Et moi, j'ai des bourdonnements dans les oreilles, je vois tout rouge ; c'est affreux... »

Ils se taisent de nouveau ; les malheureux enfants courbent

la tête et attendent en silence le dernier moment qui ne doit pas tarder pour eux. Une ombre passe entre eux et la lueur des incendies. Le Français s'en apercevant crie : « Au secours ! » Un hennissement répond ; c'est un cheval blessé qui va s'abattre à quelques pas de là.

Plus d'espoir ! La vie s'épuise rapidement en eux. Leurs regards affaiblis fouillent la plaine; mais personne ne vient. Personne ! C'est déchirant...

Ils se regardent et soupirent.

Le ciel s'éclaircit à l'horizon. C'est l'aurore qui vient poser ses perles de rosée sur les fleurs légères, les buissons verts et les moustaches hérissées des cadavres. C'est le jour qui se lève dans les ruines silencieuses; c'est le soleil qui vient resplendir sur l'immense charnier humain.

Le Bavarois murmure quelques mots d'allemand; des larmes coulent sur ses joues et viennent se perdre dans ses moustaches blanches.

« — Frère, donne ta main,

dit le Français ; je sens que je meurs. »

« — Frère! répond l'Allemand, oh ! que n'est-il monté de notre cœur sur nos lèvres, ce nom, au moment de nous ruer les uns sur les autres ! Frères ! Oui, nous le sommes et nous aurions dû toujours l'être!.. Maudits soient ceux qui nous l'ont fait oublier !... Mais nos âmes s'élèveront ensemble vers Dieu, car je me sens mourir aussi. »

« — Alors, mets ton front sur mon épaule, cela te sera moins froid que la terre. »

« — Je vois Lydia qui fait danser mon petit Karl sur ses genoux... Pauvre petit que je ne verrai plus. Ma femme !.. mon enfant chéri !... Je veux les revoir !... C'est fini, je meurs... et je meurs loin d'eux... Dieu bon, fais qu'il ne soit jamais soldat !... Et cependant l'avenir m'effraye... La *revanche!* C'est horrible ! c'est épouvantable !... Ah ! Français, que je souffre au cœur... »

« — Que diront-elles là-bas quand elles ne me verront pas revenir ? Je leur ai dit : « Bientôt ; » elles m'ont dit : « Au revoir... » Comme elle pleurait, la mère, en disant adieu !... Et puis, l'invasion... ma patrie !... mon village !... Pauvres femmes ! pauvre France ! que j'ai tant aimées... »

« — J'ai froid !... Où est donc ta main ?... Oh ! elle est glacée !... »

Appuyés l'un sur l'autre, ils se regardent, sourient et meurent.

. . . . . . . . . . . . . . . . . . . . . . . . . .

Au loin, l'heure sonne à une église de village, les coteaux

apparaissent surchargés de corps inertes ; un coq chante dans une ferme dévastée...

## VI.

A Sedan et à la même heure, une calèche conduite à la Daumont fend la foule des vivants pour aller rouler un peu plus loin sur des corps de soldats tués ; un homme pâle et insouciant des bruits qui l'entourent y est commodément assis et roule avec attention une cigarette entre ses doigts. C'est « l'illustre » promoteur de cet épouvantable carnage, l'auteur *responsable* de tous ces meurtres, qui va couronner son crime par une lâcheté sans exemple ; c'est le maître de ces malheureux esclaves en uniformes qui, n'ayant pu se tailler une renommée glorieuse dans leurs chairs, va les livrer à son « frère » Guillaume en échange de sa sécurité personnelle, sévèrement menacée par les événements, et d'une hospitalité luxueuse maladroitement cachée sous les dehors d'une captivité dérisoire..

## VII.

A la même heure aussi, dans un petit hameau du centre de la France et sous le chaume d'une maisonnette à volets verts, une vieille femme prie ardemment devant un crucifix de bois noirci par le temps. Au fond de la chambre, deux jeunes filles causent à voix basse, mais gaiement. Toutes deux ont rêvé que Georges revenait, qu'il revoyait sa sœur et sa bien-aimée, qu'il ne les quitterait plus jamais, et Marie — car c'est elle — essuie en parlant une larme de bonheur qui perle dans ses longs cils.

## VIII.

Bien loin de là, au même instant, dans un village de Bavière, la foule lit attentivement une afiche collée sur le mur de la maison du bourgmestre. La dépêche qu'elle reproduit annonce une grande victoire — victoire qui doit amener la paix!

Une jeune femme pâle et

échevelée dévore des yeux les lettres de l'affiche, puis elle se retire précipitamment en couvrant de baisers un petit enfant d'un an qu'elle tient pressé contre son sein. « Viens, petit Karl, dit-elle, viens, l'horrible guerre est finie. Ton père va revenir, et, avec lui, le bonheur rentrera chez nous. »

. . . . . . . . . . . . . . . . . . . . . . . . . . . .

Mais ils sont morts!

. . . . . . . . . . . . . . . . . . . . . . . . . . . .

## IX.

Quelques heures après — tandis que la Meuse, léchant ses bords ensanglantés, détachait d'entre les joncs des cadavres et les roulait dans ses flots rougis, on jetait le Bavarois et le Français dans le même trou..... Et le cheval de Guillaume riomphant piaffait dans la mare de sang laissée par eux sur le théâtre de leur agonie.

FIN.

## SOCIÉTÉ DES AMIS DE LA PAIX

Ligue Internationale et Permanente de la Paix.

---

TRAVAIL, JUSTICE, ARBITRAGE

---

*Secrétariat*, 71, *rue des Saints-Pères.*

TRÉSORIERS :

MM. Dollfus, Mieg et Cie, 9, rue Saint-Fiacre.

---

*Extraits des Statuts :*

ARTICLE PREMIER.

La Société des Amis de la Paix (*Ligue Internationale et Permanente de la Paix*) a pour objet la propagation et la défense des grands principes d'indépendance des nations, de justice et de respect mutuel, proclamés dans la déclaration collective du 27 mai 1867, principes dont la consécration pratique se trouve dans la substitution de l'ARBITRAGE aux solutions violentes de la guerre.

Elle fait dans ce but, sans distinction de race, de couleur ou de sexe, sans acception de parti ou de religion, appel à toutes les bonnes volontés.

ART. 2.

La *Société* se compose :

1° De *Membres Fondateurs ;*
2° De *Sociétaires ;*
3° D'*Adhérents.*

ART. 3.

Les *Membres Fondateurs* sont pris parmi ceux qui ont déjà opéré ou opéreront un versement de *cent francs au* moins, au profit de la *Société.* Ils se recrutent eux-mêmes.

ART. 6.

Pour devenir *Sociétaire,* il faut être admis comme tel par le Conseil d'Administration. Le chiffre de la cotisation annuelle est fixé à *dix francs au moins,* qui devront être versés dans le cours de janvier de chaque année entre les mains du Trésorier de la *Société*.

Le chiffre de cette cotisation sera réduit de moitié pour les Instituteurs et les Ministres des Cultes.

ART. 7.

Pour être *Adhérent*, il suffit de verser une cotisation annuelle de *un franc* au moins.

La SOCIÉTÉ DES AMIS DE LA PAIX publie, selon les besoins de la cause, un *Bulletin* dont cinq numéros sont en vente au *Secrétariat*, 71, rue des Saints-Pères.

Pour tous renseignements, s'adresser à M. HENRY BELLAIRE, secrétaire. — *Affranchir*.

## ON TROUVE A LA MÊME LIBRAIRIE :

**L'instruction obligatoire** aux Iles Sandwich, par ***..... 20 c.

**La science du Bonhomme Richard**, par Benjamin Franklin, suivi d'extraits de ses Mémoires et de sa Correspondance, et précédée de *La Jeunesse de Franklin*, par Edouard Laboulaye, 190 pages in-32........................ 25 c.

**La Religion de la Santé,** par Mme Elisabeth Blackwel, traduction et préface de Mme Hippolyte Meunier....................... 25 c.

**Bulletins** de la *Société des Amis de la Paix*, n^os^ 1, 2, 3 et 4 (janvier, février, avril et juin 1872), le n°. 75 c.

**Revanche et Relèvement**, exposé de situation, par M. Frédéric Passy, secrétaire général de la *Société des*

*Amis de la Paix*, une brochure in-8 raisin.................... 1 fr.

**La Guerre**, *étude philosophique*, par H. Dumesnil, avec un avant-propos de F. Passy, un beau vol. in-8 sur papier de Hollande, avec une gravure de Leroy, d'après Raphaël...................... 5 fr.

Le même Ouvrage, in-12, sans gravures............... 2 fr. 50 c.

---

## ŒUVRES DE M. LE Dr BROCHARD

Chevalier de la Légion d'honneur, Médecin-directeur de l'Etablissement hydrothérapique de Serin, à Lyon (Vaise).

**De la Contagion du Choléra.** Couronné par la Société des sciences, des arts et des lettres du Hainaut (médaille d'or). In-8. Mons, 1852.

**Des Bains de mer chez les enfants.** Couronné par l'Académie de médecine. In-12. Paris, 1864.

**De la Mortalité des nourrissons en France.** Couronné par l'Institut (Prix de statistique). In-8, Paris, 1866.

**De l'Allaitement maternel, au point de vue de la mère, de l'enfant et de la société.** Couronné par la *Société protectrice de l'Enfance* et par la *Société nationale d'Encouragement au bien*. Paris, 1868.

**Les Nourrissons, les Enfants trouvés et les Animaux.** In-12. Lyon, 1811.

**De l'Amour maternel.** In-8. 25 c.

---

**Le Crime de la Guerre,** par Frédéric Passy. Une brochure in-8 raisin . . . . . . . . . . . . . . . . . . . . . 1 fr.

**La République rurale,** par Paul Brandat. Un joli vol. In-12. 1 fr. 50 c.

**Mers de Chine**, par Paul Brandat. Un vol. in-12......... 2 fr. 50 c.

**Le Catéchisme de la Paix**, par Ed. Douoy............. 40 c.

**Tablettes d'un mobile**, par Jacques Normand. Un joli vol. In-18 jésus imprimé per *Jouaust* sur beau papier, tiré à petit nombre.. 2 fr.

**Note sur la Création d'une Institution judiciaire internationale**, par G. Moynier, président du Comité international de Secours aux Blessés. Brochure in-8....................... 50 c.

**Bulletin international du Comité de Secours aux Militaires blessés de Genève.** Prix de l'abonnement : un an. 6 fr.

**La Préfecture de police**, son inutilité, sa suppression, comment la remplacer, par Pierre Farine, avocat..................... 1 fr.

## ŒUVRES DE M. F. PASSY

**Réforme de l'éducation**, introduction de l'Économie politique dans l'enseignement des femmes. Une brochure in-8 ................ 75 c.

**Communauté et Communisme**, une brochure in-32 ......... 30 c.

**Les machines et le développement de l'humanité**. 1 vol. in-18 ........................ 1 fr.

**L'industrie humaine**.... 35 c.

**La population. — Malthus et sa doctrine** .............. 25 c.

**Notice de Bastiat**, sa vie et ses œuvres .................... 50 c.

**La barbarie moderne**, discours prononcé à Bruxelles, le 27 septembre 1871, à la séance générale de la Fédération des Instituteurs belges, une brochure in-8 .......... 60 c.

**L'histoire du travail**, 1 vol. in-18 de 130 pages............... 25 c.

**Almanach** des Bains de mer et des villes d'eaux. Saison 1872-73, un joli volume avec gravures... 50 c.

---

Pour paraître le 1er août :

**Almanach** des jeunes mères et des nourrices pour 1873. Publié par les soins de la Société protectrice de l'Enfance de Lyon et rédigé par MM. les Drs Brochard, Radet, Fonteret, Bouchacourt, etc. Dessins de Lix.

Prix : 50 centimes.

---

**Almanach de la Paix**

Pour 1873. — Prix : 50 centimes.

---

Saint-Germain. — Imp. L. Toinon et Cie.

*Chez tous les Libraires*

# ALMANACH
DES
# BAINS DE MER
ET DES
# VILLES D'EAUX

SAISON 1872-1873

*Dessins de LIX et FAUSTIN*

Texte par MM. les docteurs BROCHARD et DALLY, MM. Jacques CLARY, J. DE GASTYNE, Émile BLONDET, etc., etc.

PRIX : 50 c.

LA QUESTION DES JEUX, par F. Passy. . . . . . 50 c.

Imp. L. Toinon et Ce, à Saint-Germain.

www.ingramcontent.com/pod-product-compliance
Ingram Content Group UK Ltd.
Pitfield, Milton Keynes, MK11 3LW, UK
UKHW020210200726
13856UKWH00004B/1308

9 782013 066013